okul - school		2
seyahat - reis		5
ulaşım - transport		8
şehir - stad		10
arazi - landschap		14
restoran - restaurant		17
süpermarket - supermarkt		20
içecekler - drankjes		22
yemek - eten		23
çiftlik - boerderij		27
ev - huis		31
oturma odası - woonkamer		33
mutfak - keuken		35
banyo - badkamer		38
çocuk odası - kinderkamer		42
kıyafet - kleding		44
ofis - kantoor		49
ekonomi - economie		51
meslekler - beroepen		53
aletler - werktuigen		56
müzik enstrümanı - muziekinstrumenten		57
hayvanat bahçesi - zoo		59
sporlar - sporten		62
etkinlikler - activiteiten		63
aile - familie		67
vücut - lichaam		68
hastane - ziekenhuis		72
acil - noodgeval		76
dünya - aarde		77
saat - klok		79
hafta - week		80
yıl - jaar		81
şekiller - vormen		83
renkler - kleuren		84
zıt anlamlılar - tegengestelden		85
sayılar - cijfers		88
diller - Talen		90
kim / ne / nasıl - wie / wat / hoe		91
nerede - waar		92

Impressum
Verlag: BABADADA GmbH, Nedderfeld 112 , 22529 Hamburg
Geschäftsführer / Verlagsleitung: Harald Hof
Druck: Books on Demand GmbH, In de Tarpen 42, 22848 Norderstedt

Imprint
Publisher: BABADADA GmbH, Nedderfeld 112 , 22529 Hamburg, Germany
Managing Director / Publishing direction: Harald Hof
Print: Books on Demand GmbH, In de Tarpen 42, 22848 Norderstedt

okul

school

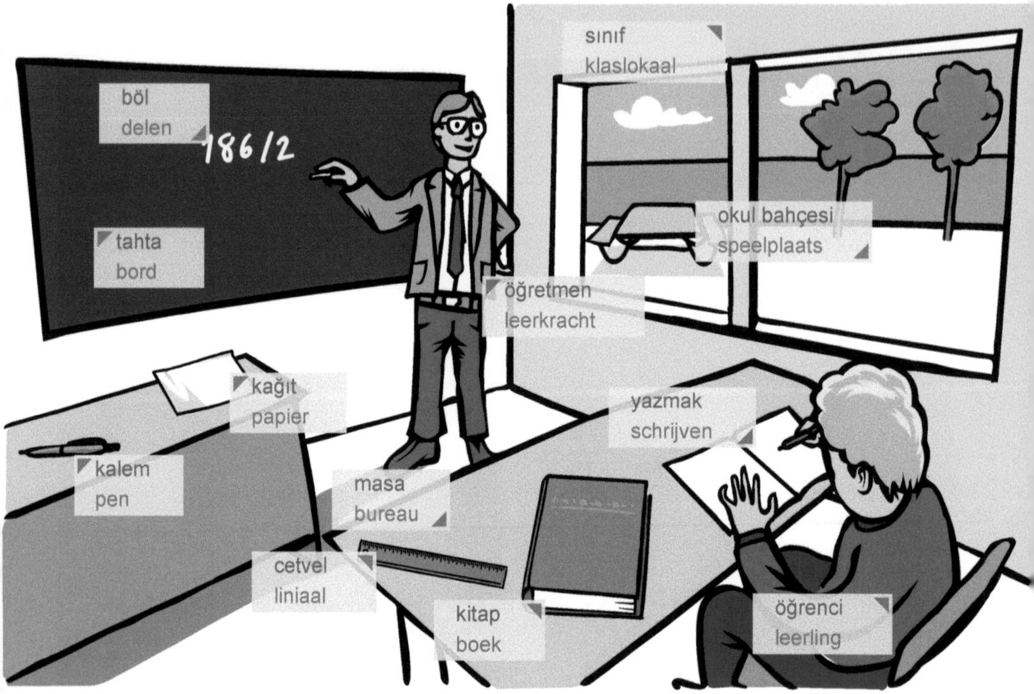
sınıf
klaslokaal
böl
delen
186/2
tahta
bord
okul bahçesi
speelplaats
öğretmen
leerkracht
kağıt
papier
yazmak
schrijven
kalem
pen
masa
bureau
cetvel
liniaal
kitap
boek
öğrenci
leerling

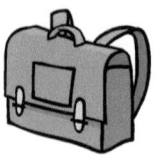

okul çantası

schooltas

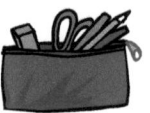

kalemlik

pennenzak

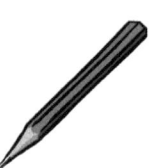

kurşun kalem

potlood

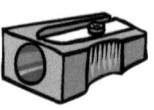

kalem açacağı

puntenslijper

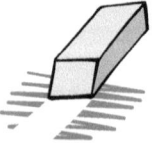

silgi

gom

çizim defteri

tekenblok

çizim
tekening

resim fırçası
verfborstel

boya kutusu
verfdoos

makas
schaar

tutkal
lijm

alıştırma kitabı
werkboek

ödev
huiswerk

12

sayı
nummer

2+2

ekle
optellen

5-2

çıkar
aftrekken

2×2

çarp
vermenigvuldigen

hesapla
rekenen

harf
letter

ABCDEFG HIJKLMN OPQRSTU VWXYZ

alfabe
alfabet

hello

kelime
woord

metin
tekst

okumak
Lezen

tebeşir
krijt

ders
les

kayıt
klassenboek

sınav
examen

sertifika
certificaat

okul forması
schooluniform

eğitim
onderwijs

ansiklopedi
encyclopedie

üniversite
universiteit

mikroskop
microscoop

harita
kaart

kağıt çöp kutusu
papiermand

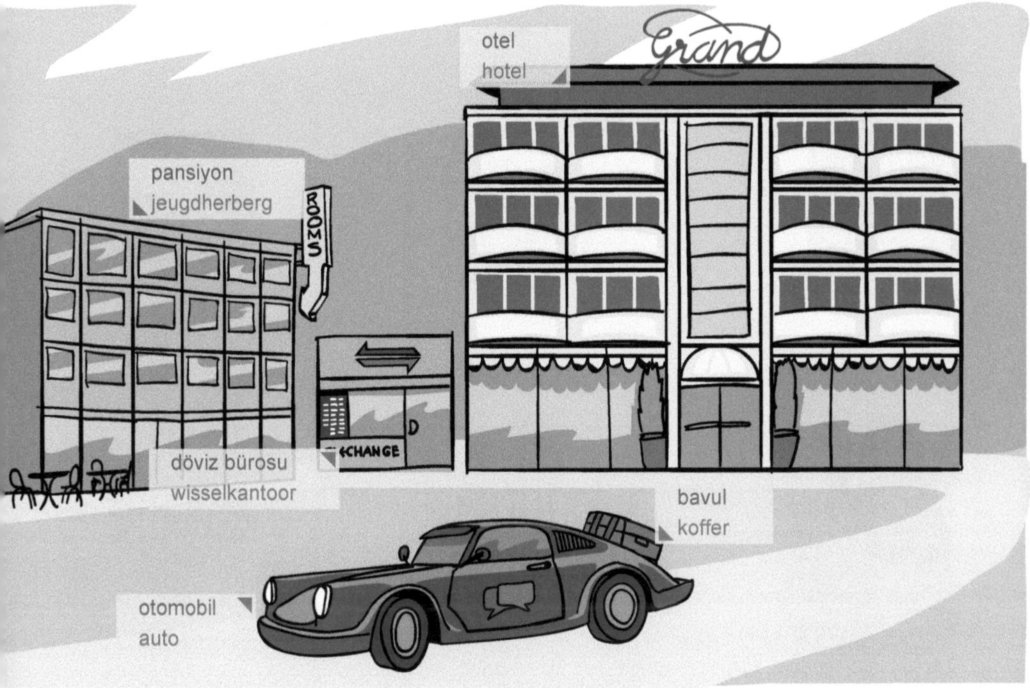

otel
hotel
Grand
pansiyon
jeugdherberg
ROOMS
EXCHANGE
döviz bürosu
wisselkantoor
bavul
koffer
otomobil
auto

dil
Taal

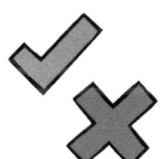

evet / hayır
ja / nee

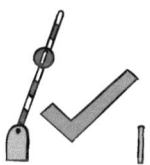

Tamam
oké

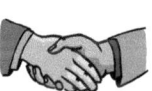

merhaba
hallo

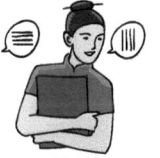

çevirmen
vertaler

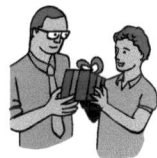

Teşekkür ederim
bedankt

bu ... ne kadar?
Hoeveel kost ...?

anlamadım
Ik begrijp het niet

problem
probleem

İyi akşamlar!
Goedenavond!

Günaydın!
Goedemorgen!

İyi geceler!
Goedenavond!

güle güle
Tot ziens

yön
richting

bagaj
bagage

çanta
zak

sırt çantası
rugzak

misafir
gast

oda
kamer

uyku tulumu
slaapzak

çadır
tent

turist danışma

toeristeninformatie

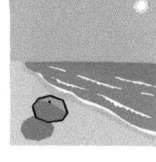

sahil

strand

kredi kartı

kredietkaart

kahvaltı

ontbijt

öğle yemeği

lunch

akşam yemeği

avondeten

Bilet

ticket

asansör

lift

pul

postzegel

sınır

grens

gümrük

douane

elçilik

ambassade

vize

visum

pasaport

paspoort

ulaşım

transport

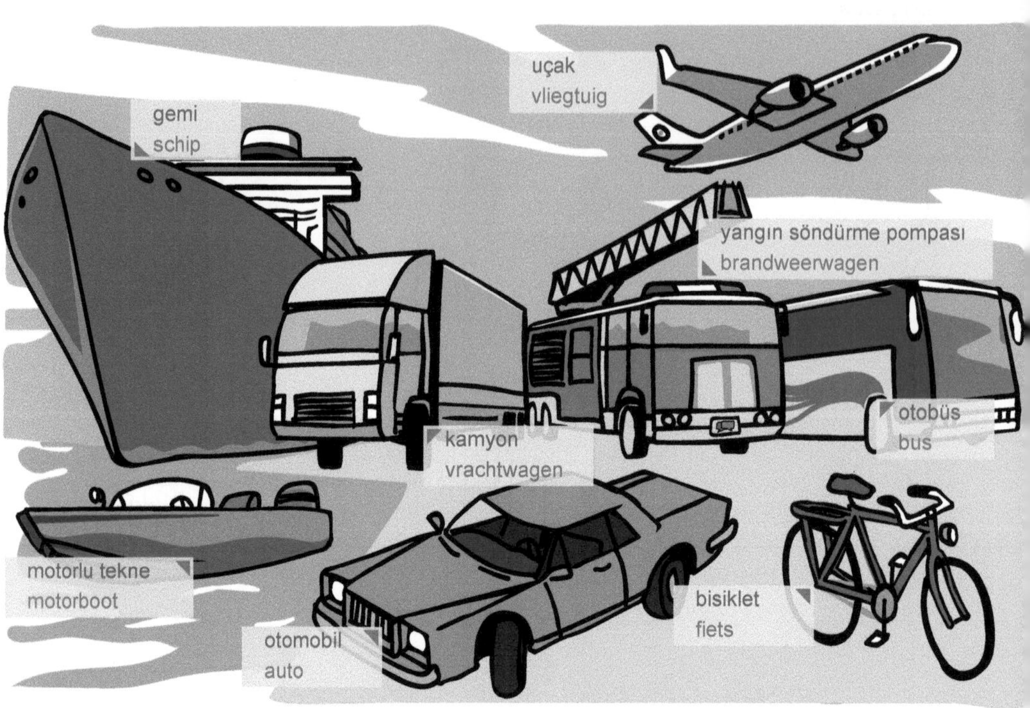

uçak
vliegtuig
gemi
schip
yangın söndürme pompası
brandweerwagen
otobüs
bus
kamyon
vrachtwagen
motorlu tekne
motorboot
bisiklet
fiets
otomobil
auto

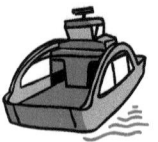

feribot

veerboot

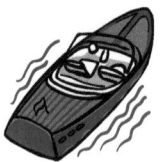

bot

boot

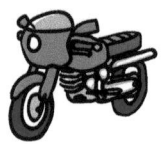

motosiklet

motor

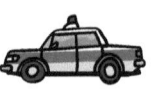

polis arabası

politiewagen

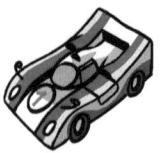

yarış arabası

racewagen

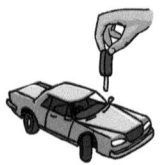

kiralık araba

huurauto

ortak araba

carpoolen

çekici

sleepwagen

çöp kamyonu

vuilniswagen

motor

motor

yakıt

benzine

benzinlik

benzinestation

trafik işareti

verkeersbord

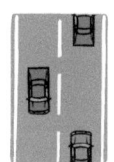

trafik

verkeer

trafik sıkışıklığı

file

otopark

parkeerplaats

tren istasyonu

station

ray

sporen

tren

trein

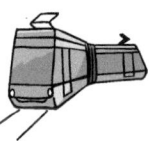

tramvay

tram

vagon

wagon

helikopter

helikopter

havaalanı

luchthaven

kule

toren

yolcu

passagier

konteyner

container

koli

karton

yük arabası

kar

sepet

mand

kalkış / iniş

opstijgen / landen

şehir

stad

köy

dorp

şehir merkezi

stadscentrum

ev

huis

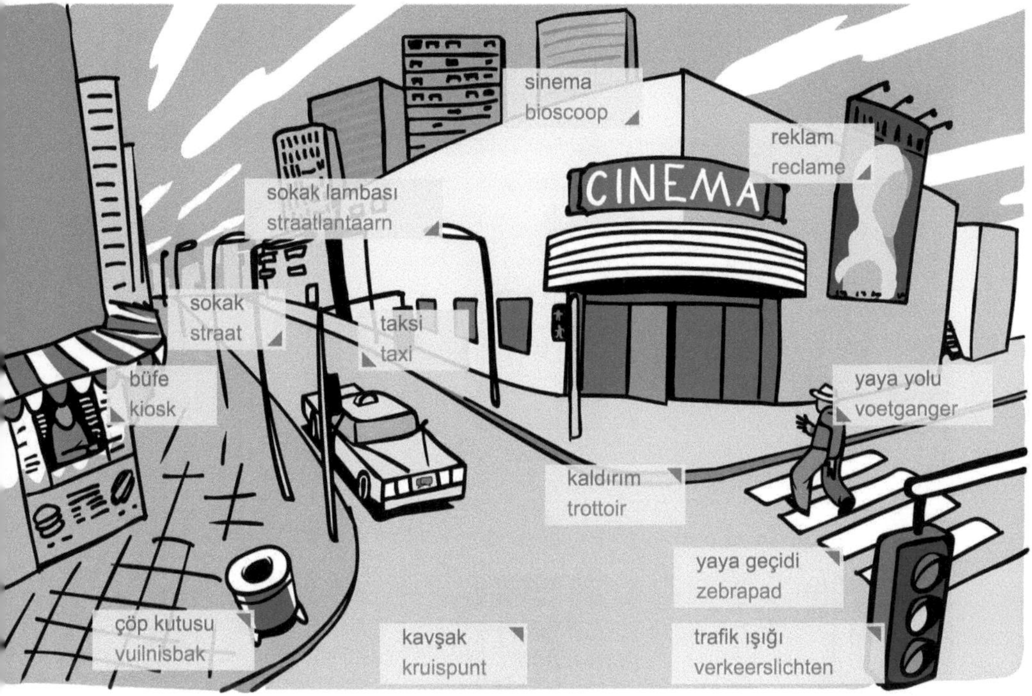
sinema
bioscoop
reklam
reclame
CINEMA
sokak lambası
straatlantaarn
sokak
straat
taksi
taxi
büfe
kiosk
yaya yolu
voetganger
kaldırım
trottoir
yaya geçidi
zebrapad
çöp kutusu
vuilnisbak
kavşak
kruispunt
trafik ışığı
verkeerslichten

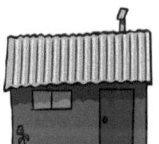

kulübe

hut

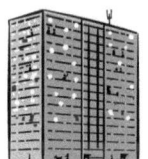

apartman dairesi

woning

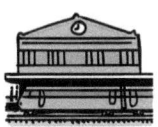

tren istasyonu

station

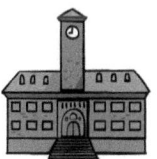

belediye binası

stadshuis

MUSEUM

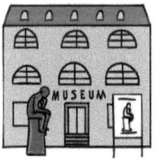

müze

museum

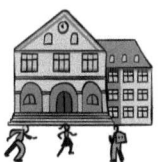

okul

school

üniversite
universiteit

banka
bank

hastane
ziekenhuis

otel
hotel

eczane
apotheek

ofis
kantoor

kitapçı
boekwinkel

mağaza
winkel

çiçekçi
bloemenwinkel

süpermarket
supermarkt

market
markt

büyük mağaza
warenhuis

balık satıcısı
vishandelaar

alışveriş merkezi
winkelcentrum

liman
haven

park

park

bank

bank

köprü

brug

merdiven

trap

metro

metro

tünel

tunnel

otobüs durağı

bushalte

bar

bar

restoran

restaurant

posta kutusu

brievenbus

sokak tabelası

straatnaambord

otopark sayacı

parkeermeter

hayvanat bahçesi

zoo

yüzme havuzu

zwembad

cami

moskee

çiftlik

boerderij

kirlilik

milieuverontreiniging

mezarlık

kerkhof

kilise

kerk

oyun alanı

speelplaats

tapınak

tempel

arazi
landschap

yaprak
blad

yön tabelası
wegwijzer

yol
weg

çayır
weide

taş
steen

yürüyüşçü
wandelaar

ağaç
boom

ırmak
rivier

çimen
gras

çiçek
bloem

vadi

vallei

tepe

heuvel

göl

meer

orman

bos

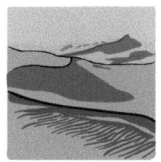

çöl

woestijn

volkan

vulkaan

kale

kasteel

gökkuşağı

regenboog

mantar

paddenstoel

palmiye

palmboom

sivrisinek

mug

sinek

vlieg

karınca

mier

arı

bijl

örümcek

spin

böcek

kever

kurbağa

kikker

sincap

eekhoorn

kirpi

egel

yabani tavşan

haas

baykuş

uil

kuş

vogel

kuğu

zwaan

yaban domuzu

wild zwijn

geyik

hert

geyik

eland

baraj

dam

rüzgar türbini

windturbine

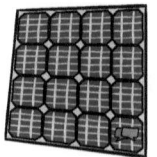

güneş paneli

zonnepaneel

iklim

klimaat

arazi - landschap

restoran
restaurant

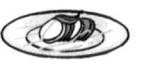

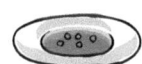

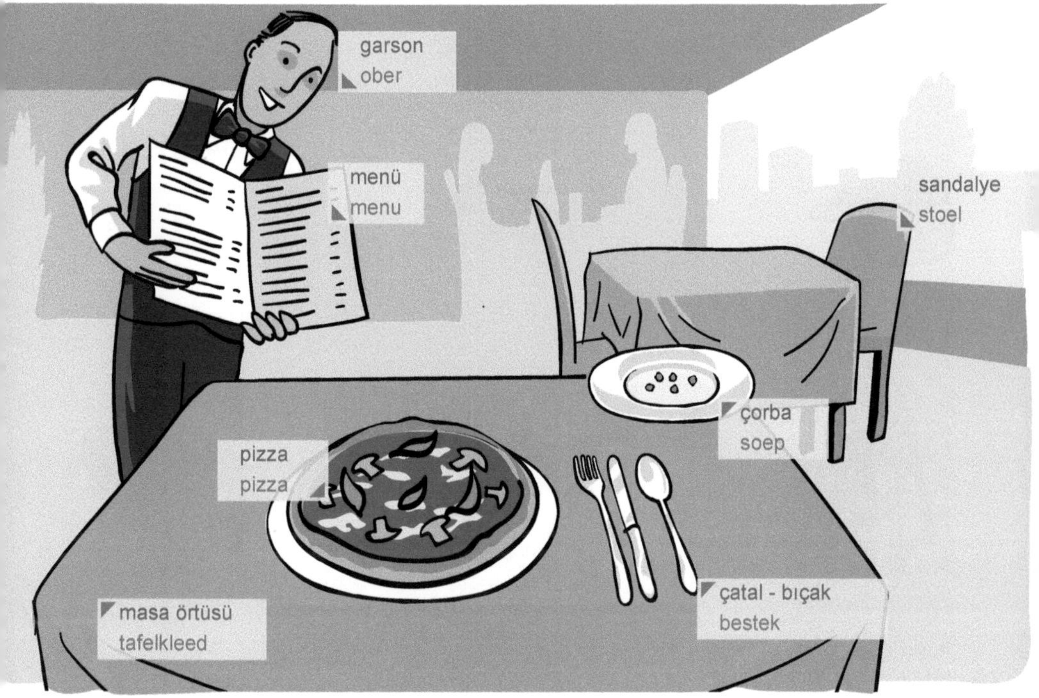

garson
ober
menü
menu
sandalye
stoel
çorba
soep
pizza
pizza
masa örtüsü
tafelkleed
çatal - bıçak
bestek

başlangıç

voorgerecht

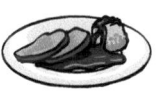

ana yemek

hoofdgerecht

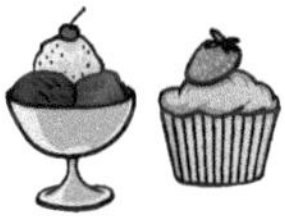

tatlı

nagerecht

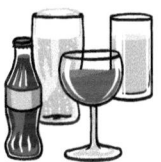

içecekler

drankjes

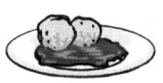

yemek

eten

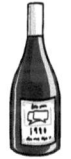

şişe

fles

fastfood
fastfood

sokak yemeği
street food

çaydanlık
theepot

şekerlik
suikerpot

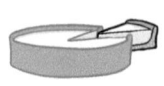

porsiyon
portie

espresso makinesi
espressomachine

mama sandalyesi
kinderstoel

fatura
rekening

tepsi
dienblad

bıçak
mes

çatal
vork

kaşık
lepel

çay kaşığı
theelepel

servis peçetesi
serviette

bardak
glas

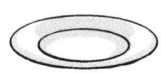

tabak

bord

çorba kasesi

soepbord

fincan altlığı

schoteltje

sos

saus

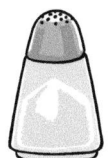

tuzluk

zoutvatje

karabiber değirmeni

pepermolen

sirke

azijn

yağ

olie

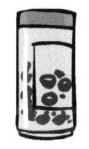

baharat

kruiden

ketçap

ketchup

hardal

mosterd

mayonez

mayonaise

süpermarket
supermarkt

özel teklif
aanbieding
FOR
müşteri
klant
süt ürünleri
zuivelproducten
meyve
fruit
alışveriş arabası
winkelwagen

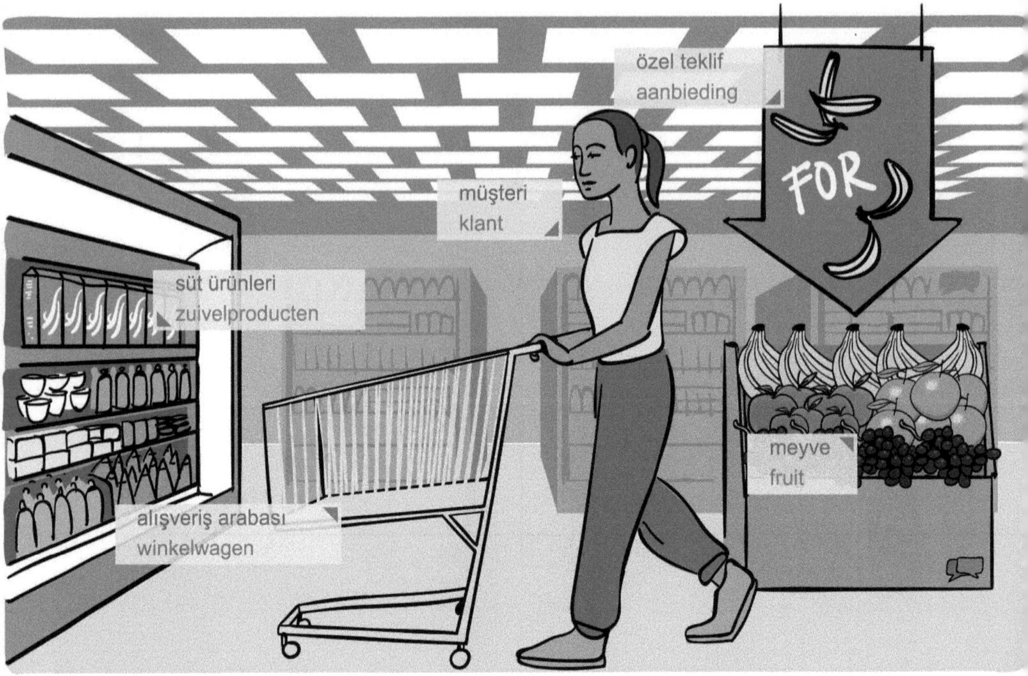

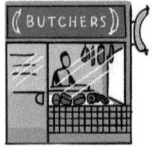

BUTCHERS
kasap
slagerij

BAKERY
fırın
bakkerij

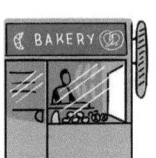

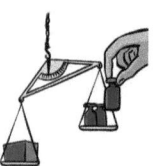

tartmak
wegen

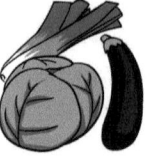

sebze
groenten

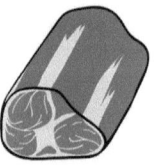

et
vlees

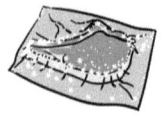

donmuş gıda
diepvriesvoedsel

söğüş et
charcuterie

konserve yiyecek
conserven

toz deterjan
waspoeder

şekerlemeler
snoep

ev temizlik ürünleri
huishoudproducten

temizlik ürünleri
schoonmaakproducten

satış görevlisi
verkoopster

yazar kasa
kassa

kasiyer
kassier

alışveriş listesi
boodschappenlijstje

açılış saatleri
openingstijden

cüzdan
portefeuille

kredi kartı
kredietkaart

çanta
tas

plastik poşet
plastieken zakje

su
water

meyve suyu
sap

süt
melk

kola
cola

şarap
wijn

bira
bier

alkol
alcohol

kakao
cacao

çay
thee

kahve
koffie

espresso
espresso

kapuçino
cappuccino

muz

banaan

elma

appel

portakal

sinaasappel

kavun

meloen

limon

citroen

havuç

wortel

sarımsak

knoflook

bambu

bamboe

soğan

ajuin

mantar

champignon

çerez

noten

makarna

noodles

spagetti

spaghetti

pirinç

rijst

salata

salade

cips

frieten

patates kızartması

gebakken aardappelen

pizza

pizza

hamburger

hamburger

sandviç

sandwich

şinitzel

kalfslapje

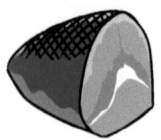

pastırma

ham

salam

salami

sosis

worst

tavuk

kip

rosto

braden

balık

vis

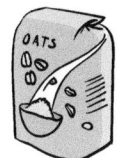

yulaf ezmesi

havervlokken

müsli

muesli

mısır gevreği

cornflakes

un

bloem

kruvasan

croissant

küçük ekmek

pistolet

ekmek

brood

tost

toast

bisküvi

koekjes

tereyağı

boter

kaymak

kwark

kek

taart

yumurta

ei

sahanda yumurta

spiegelei

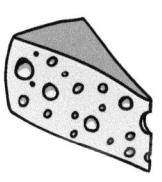

peynir

kaas

yemek - eten

dondurma

ijs

şeker

suiker

bal

honing

reçel

confituur

fındık ezmesi

choco

köri

curry

yemek - eten

çiftlik
boerderij

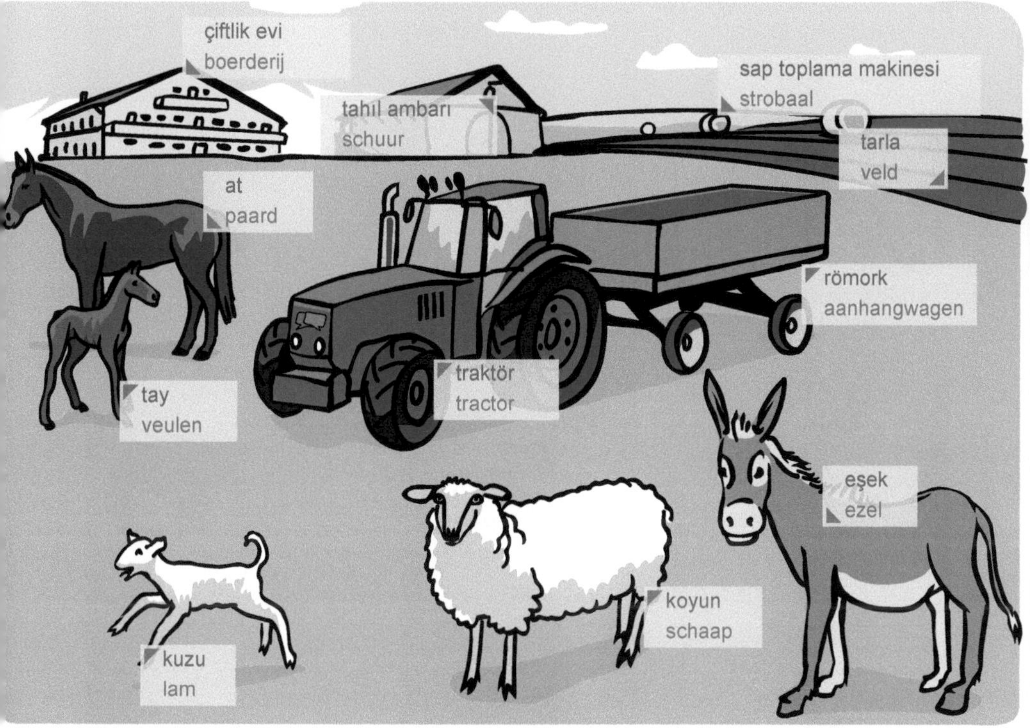
çiftlik evi
boerderij
tahıl ambarı
schuur
sap toplama makinesi
strobaal
tarla
veld
at
paard
römork
aanhangwagen
traktör
tractor
tay
veulen
eşek
ezel
koyun
schaap
kuzu
lam

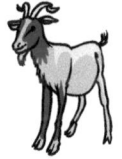

keçi

geit

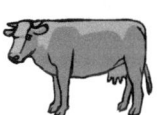

inek

koe

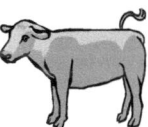

buzağı

kalf

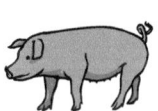

domuz

varken

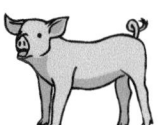

domuz yavrusu

biggetje

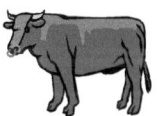

boğa

stier

kaz

gans

ördek

eend

civciv

kuiken

tavuk

kip

horoz

haan

sıçan

rat

kedi

kat

fare

muis

öküz

os

köpek

hond

köpek kulübesi

hondenhok

bahçe hortumu

tuinslang

sulama kabı

gieter

tırpan

zeis

pulluk

ploeg

çiftlik - boerderij

orak

sikkel

çapa

schoffel

dirgen

hooivork

balta

bijl

el arabası

kruiwagen

yemlik

trog

süt kovası

melkkan

çuval

zak

çit

hek

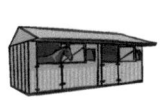

ahır

stal

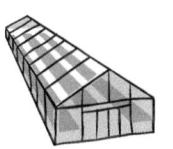

sera

broeikas

toprak

bodem

tohum

zaad

gübre

mest

biçerdöver

maaidorser

hasat etmek

oogsten

harman

oogst

tatlı patates

yam

buğday

tarwe

soya

soja

patates

aardappel

mısır

maïs

kolza

koolzaad

meyve ağacı

fruitboom

manyok

maniok

hububat

graan

ev

huis

baca
schoorsteen
çatı
dak
yağmur oluğu
regenpijp
pencere
raam
garaj
garage
kapı zili
deurbel
kapı
deur
çöp kutusu
vuilnisbak
posta kutusu
brievenbus
bahçe
tuin

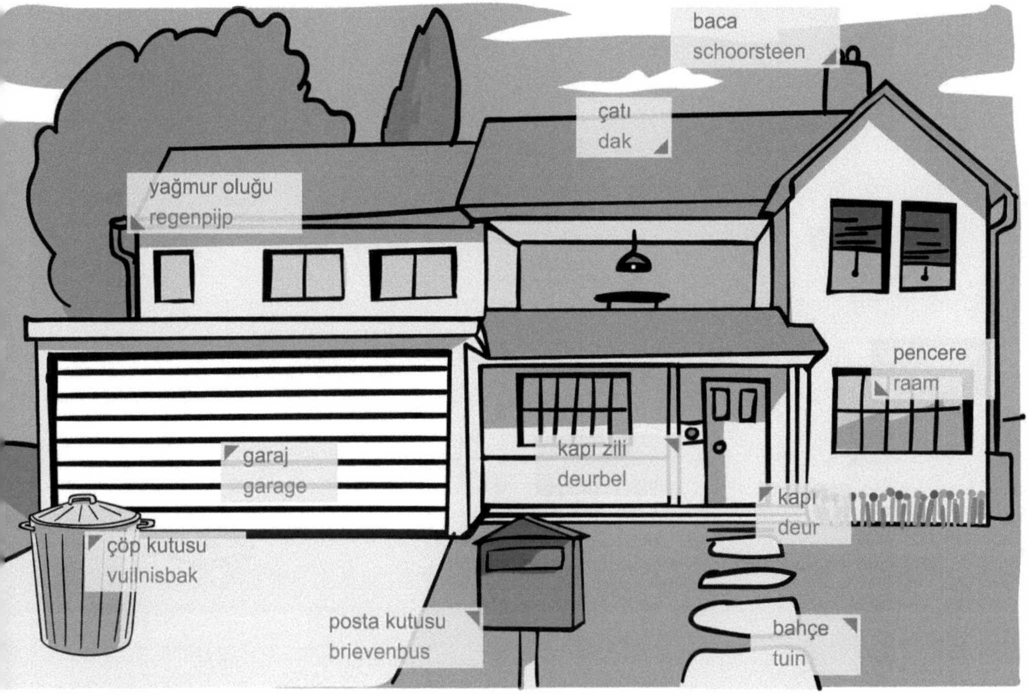

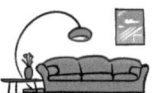

oturma odası

woonkamer

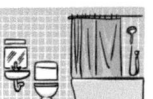

banyo

badkamer

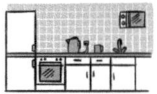

mutfak

keuken

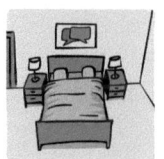

yatak odası

slaapkamer

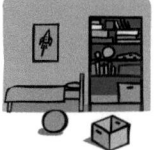

çocuk odası

kinderkamer

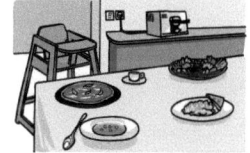

yemek odası

eetkamer

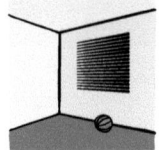

zemin
vloer

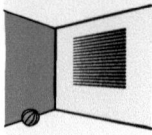

duvar
muur

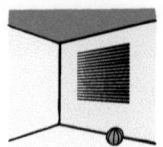

tavan
plafond

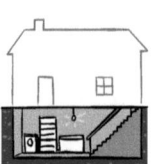

kiler
kelder

sauna
sauna

balkon
balkon

teras
terras

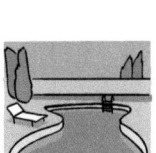

havuz
zwembad

çim biçme makinesi
grasmaaier

çarşaf
dekbedovertrek

yatak örtüsü
dekbed

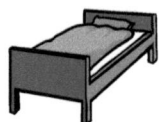

yatak
bed

süpürge
bezem

kova
emmer

anahtar
schakelaar

oturma odası

woonkamer

duvar kağıdı
behangpapier
resim
foto
lamba
lamp
raf
schap
dolap
kast
televizyon
televisie
şömine
open haard
çiçek
bloem
minder
kussen
kanepe
sofa
vazo
vaas
uzaktan kumanda
afstandsbediening

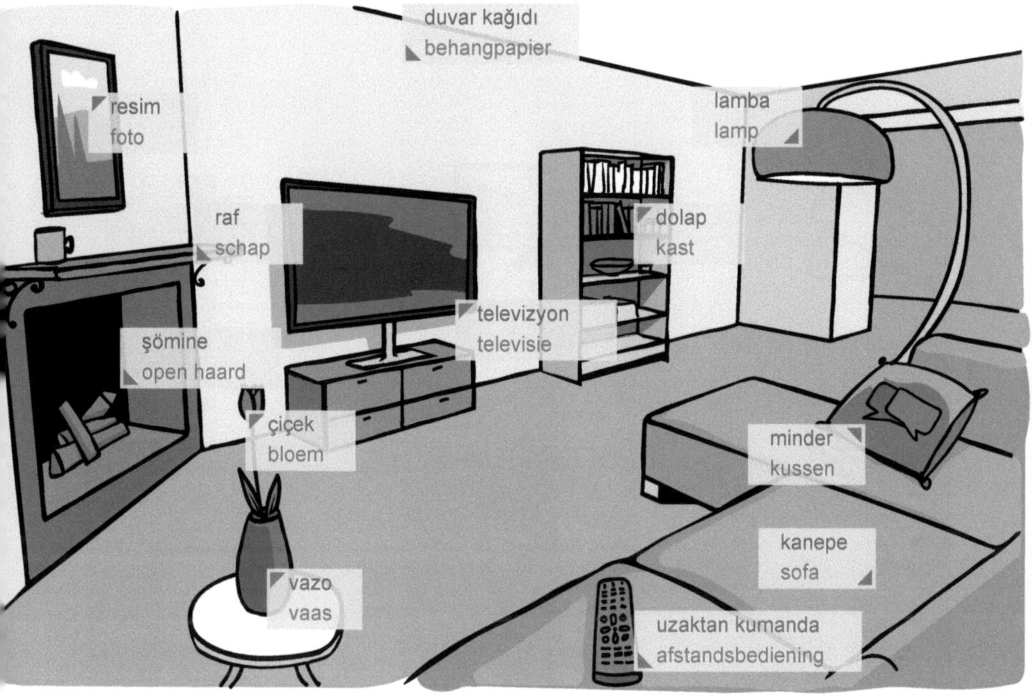

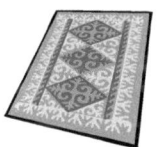

halı

mat

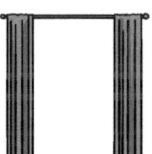

perde

gordijn

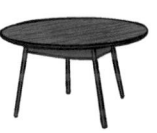

masa

tafel

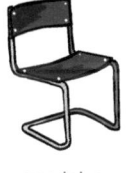

sandalye

stoel

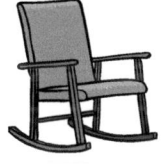

salıncaklı koltuk

schommelstoel

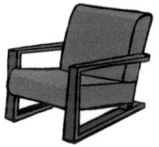

koltuk

fauteuil

kitap

boek

battaniye

deken

dekor

decoratie

odun

brandhout

film

film

hi-fi

stereo-installatie

anahtar

sleutel

gazete

krant

tablo

schilderij

poster

poster

radyo

radio

defter

notitieboekje

elektrikli süpürge

stofzuiger

kaktüs

cactus

mum

kaars

mutfak
keuken

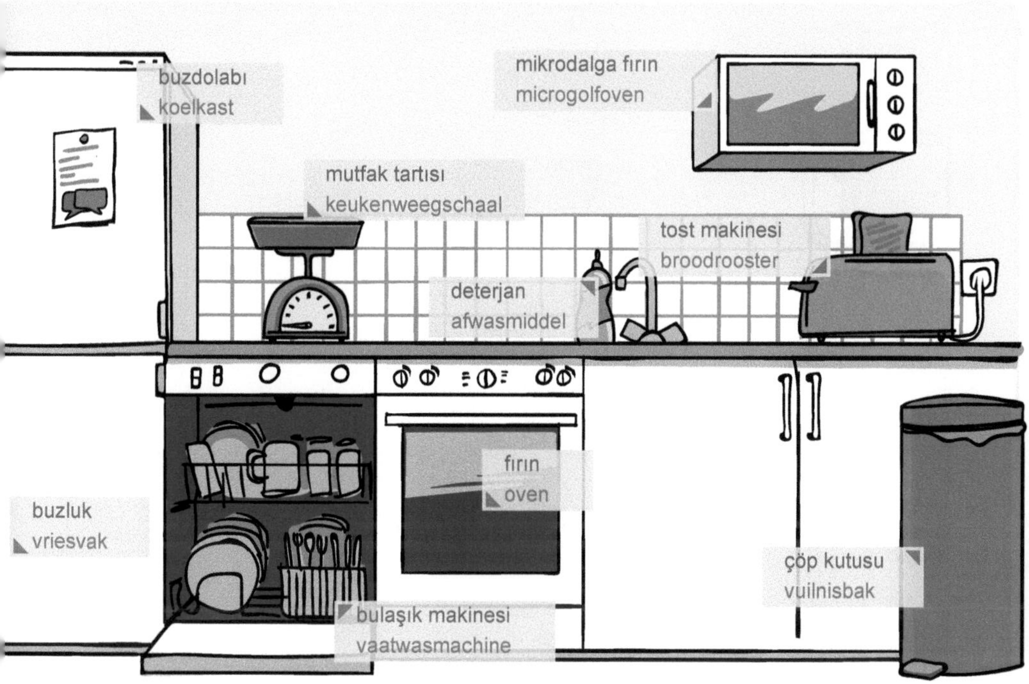
buzdolabı
koelkast
mikrodalga fırın
microgolfoven
mutfak tartısı
keukenweegschaal
tost makinesi
broodrooster
deterjan
afwasmiddel
fırın
oven
buzluk
vriesvak
çöp kutusu
vuilnisbak
bulaşık makinesi
vaatwasmachine

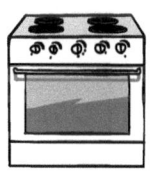

ocak

fornuis

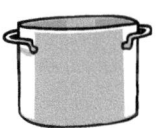

tencere

pot

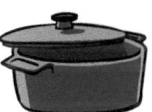

döküm tencere

gietijzeren pot

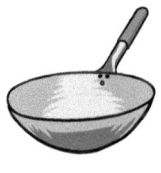

wok

wok / kadai

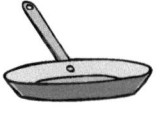

tava

pan

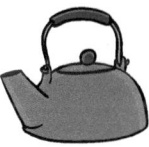

su ısıtıcı

waterkoker

buharlı pişirici

stoomkoker

pişirme tepsisi

bakplaat

tabak takımı

servies

kupa

mok

kase

kom

çubuk (çin yemeği)

eetstokjes

kepçe

pollepel

spatula

spatel

çırpma teli

garde

süzgeç

vergiet

elek

zeef

rende

rasp

havan

mortier

barbekü

barbecue

açık ateş

haardvuur

mutfak - keuken

kesme tahtası
·················
snijplank

merdane
·················
deegrol

tirbüşon
·················
kurkentrekker

konserve kutusu
·················
blik

konserve açacağı
·················
blikopener

fırın eldiveni
·················
pannenlap

evye
·················
gootsteen

fırça
·················
borstel

sünger
·················
spons

blender
·················
blender

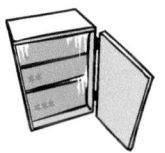

derin dondurucu
·················
vriezer

biberon
·················
papfles

musluk
·················
kraan

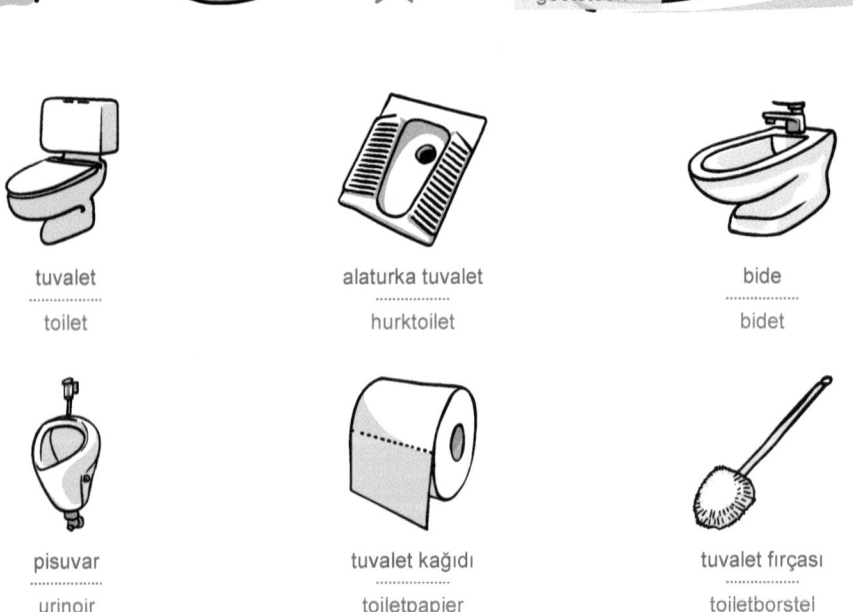

banyo
badkamer

duş
douche
ısıtma
verwarming
havlu
handdoek
duş perdesi
douchegordijn
köpük banyosu
bubbelbad
küvet
badkuip
bardak
glas
çamaşır makinesi
wasmachine
musluk
kraan
fayans
tegels
lazımlık
kinderpo
evye
gootsteen

tuvalet

toilet

alaturka tuvalet

hurktoilet

bide

bidet

pisuvar

urinoir

tuvalet kağıdı

toiletpapier

tuvalet fırçası

toiletborstel

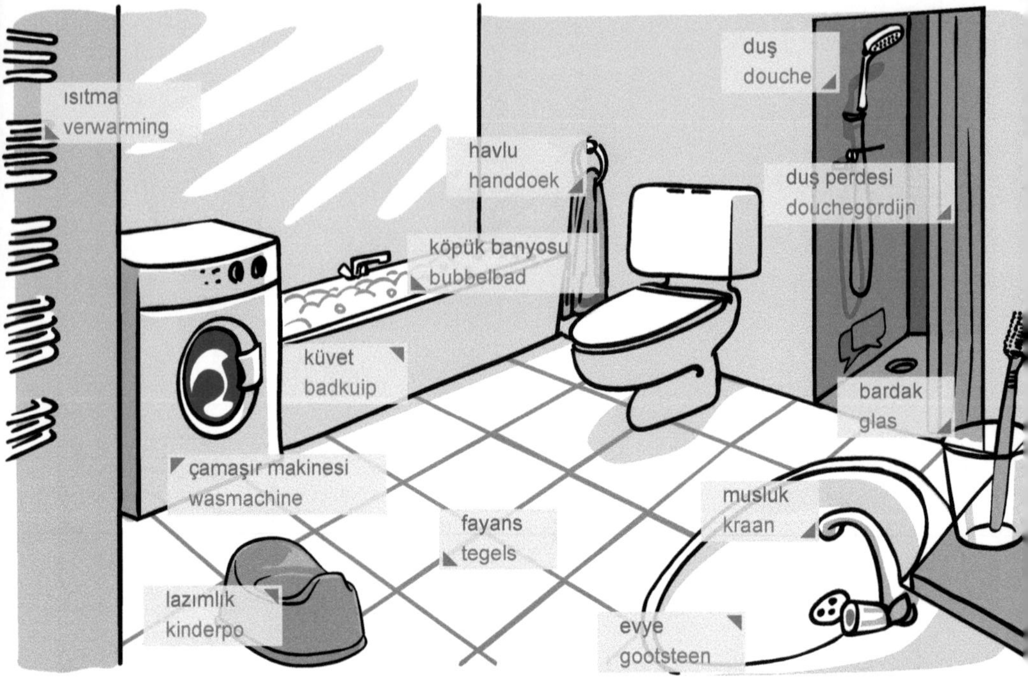

diş fırçası

tandenborstel

diş macunu

tandpasta

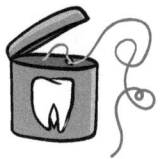

diş ipi

flosdraad

yıkamak

wassen

duş başlığı

handdouche

duş başlığı şeklinde taharet musluğu

bidethanddouche

küvet

waskom

banyo fırçası

rugborstel

sabun

zeep

duş jeli

douchegel

şampuan

shampoo

banyo lifi

washandje

gider

afvoer

krem

crème

deodorant

deodorant

ayna

spiegel

el aynası

handspiegel

jilet

scheermes

tıraş köpüğü

scheerschuim

tıraş losyonu

aftershave

tarak

kam

fırça

borstel

saç kurutma makinesi

haardroger

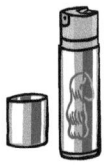

saç spreyi

haarlak

makyaj

make-up

ruj

lippenstift

tırnak cilası

nagellak

pamuk

watten

tırnak makası

nagelknipper

parfüm

parfum

makyaj çantası

toilettas

tabure

kruk

tartı

weegschaal

bornoz

badjas

lastik eldiven

latex handschoenen

tampon

tampon

kadın pedi

maandverband

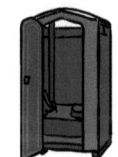

kimyevi tuvalet

chemisch toilet

çocuk odası
kinderkamer

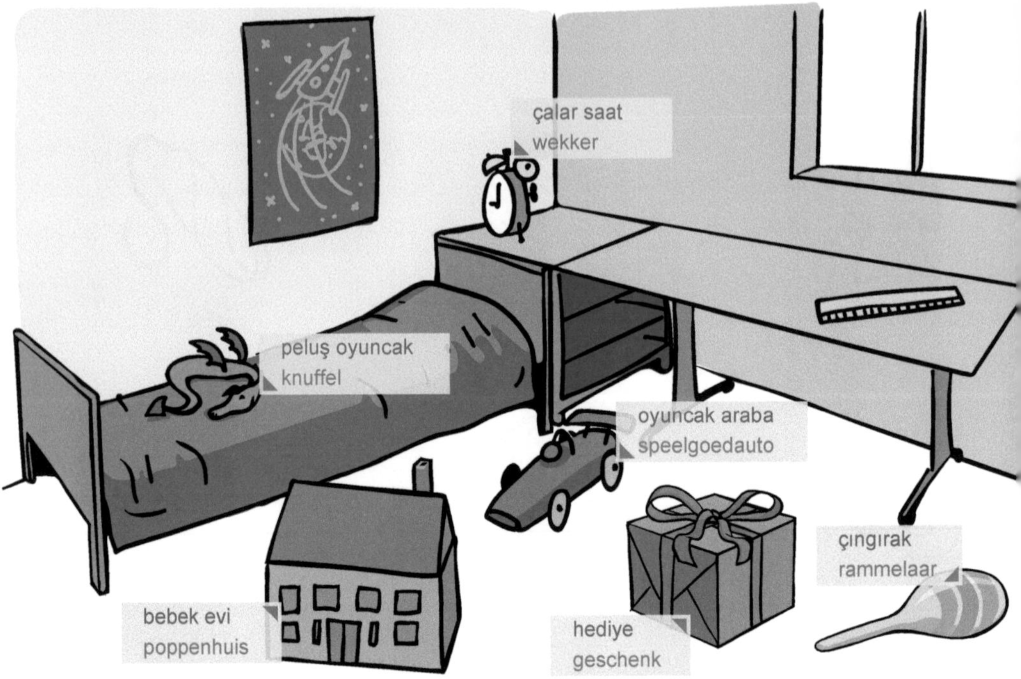

çalar saat
wekker
peluş oyuncak
knuffel
oyuncak araba
speelgoedauto
çıngırak
rammelaar
bebek evi
poppenhuis
hediye
geschenk

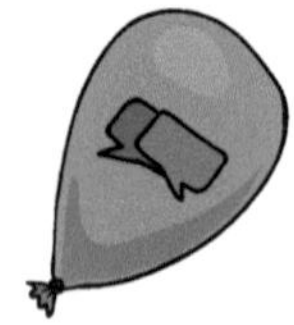

balon

ballon

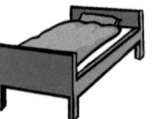

yatak

bed

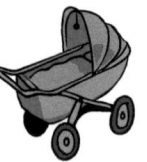

bebek arabası

kinderwagen

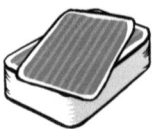

kart destesi

spel kaarten

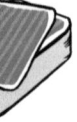

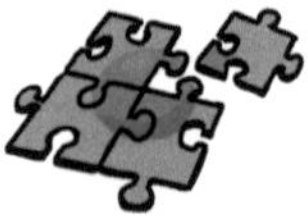

yapboz

puzzel

SUPER
MEGA

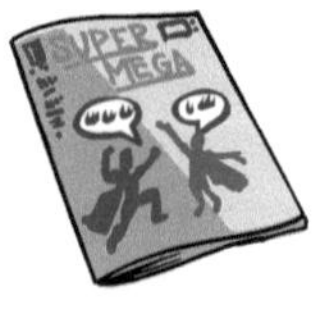

çizgi roman

stripboek

lego tuğlaları

legoblokjes

lego blokları

blokken

aksiyon figürü

actiefiguur

zıbın

kruippakje

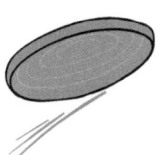

frizbi

frisbee

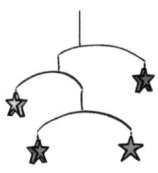

dönence

mobiel

masa oyunu

bordspel

zar

dobbelsteen

model tren seti

modelspoorweg

emzik

fopspeen

parti

feest

resimli kitap

prentenboek

top

bal

oyuncak bebek

pop

oynamak

spelen

kum havuzu

zandbak

salıncak

schommel

oyuncaklar

speelgoed

video oyun konsolu

spelconsole

üç tekerlekli bisiklet

driewieler

oyuncak ayı

knuffelbeer

gardırop

kleerkast

kıyafet
kleding

çorap

sokken

külotlu çorap

kousen

tayt

maillot

eşarp
sjaal

şemsiye
paraplu

kemer
riem

tişört
T-shirt

terlik
slippers

bot
laarzen

spor ayakkabı
sneakers

sandalet	ayakkabı	lastik çizme
sandalen	schoenen	rubberlaarzen

külot	sütyen	yelek
onderbroek	beha	onderhemd

kıyafet - kleding

45

dar bluz

lichaam

pantolon

broek

kot pantolon

jeans

etek

rok

bluz

blouse

gömlek

hemd

kazak

trui

süveter

capuchontrui

blazer

blazer

ceket

jas

mont

jas

yağmurluk

regenjas

kostüm

kostuum

elbise

jurk

gelinlik

trouwjurk

kıyafet - kleding

takım elbise

pak

gecelik

nachthemd

pijama

pyjama

sari

sari

baş örtüsü

hoofddoek

türban

tulband

burka

boerka

kaftan

kaftan

çarşaf

abaya

mayo

badpak

erkek mayosu

zwembroek

şort

short

eşofman

trainingspak

önlük

schort

eldiven

handschoenen

düğme

knoop

gözlük

bril

bilezik

armband

kolye

ketting

yüzük

ring

küpe

oorbel

kep

pet

portmanto

kapstok

şapka

hoed

kravat

das

fermuar

rits

kask

helm

pantolon askısı

bretellen

okul forması

schooluniform

üniforma

uniform

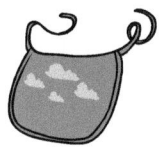

mama önlüğü

slabbetje

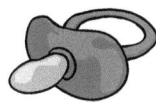

emzik

fopspeen

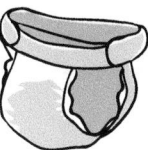

bebek bezi

luier

ofis

kantoor

sunucu
server
dosya dolabı
dossierkast
yazıcı
printer
kağıt
papier
monitör
monitor
fare
muis
masa
bureau
klasör
map
klavye
toestenbord
kağıt çöp kutusu
papiermand
bilgisayar
computer
sandalye
stoel

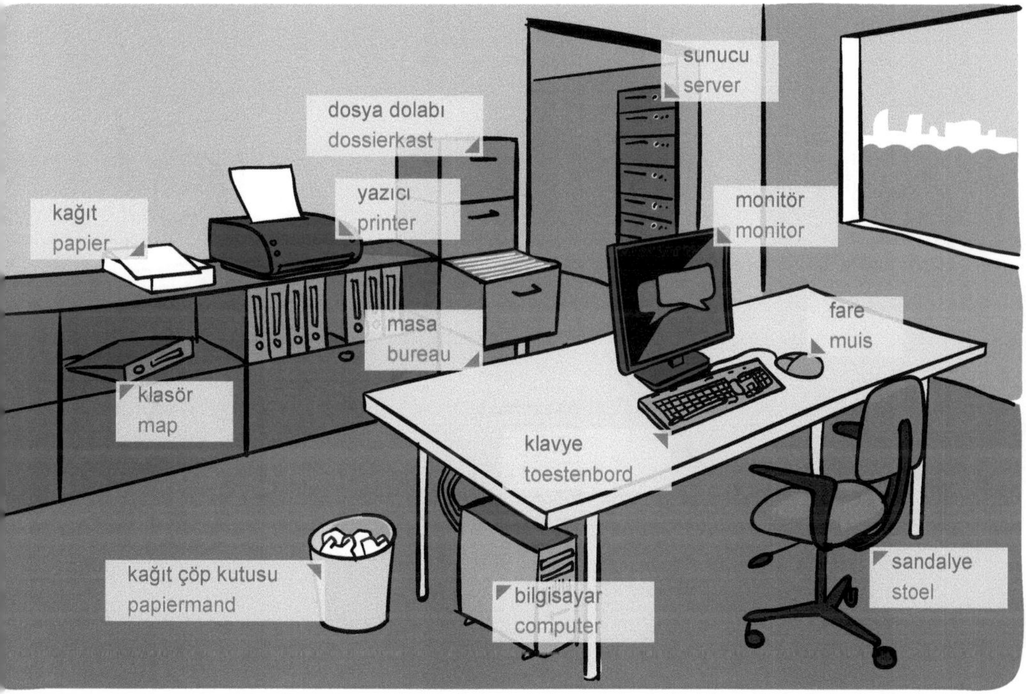

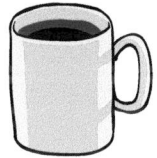

kahve fincanı

koffiemok

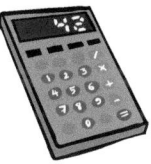

hesap makinesi

rekenmachine

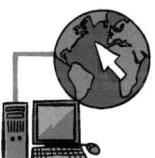

internet

internet

dizüstü
laptop

mektup
brief

mesaj
bericht

cep telefonu
gsm

ağ
netwerk

fotokopi makinesi
kopieerapparaat

yazılım
software

telefon
telefoon

priz
stopcontact

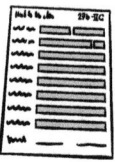

faks makinesi
fax

form
formulier

belge
document

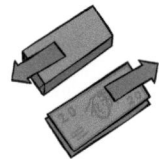

satın almak

kopen

ödemek

betalen

ticaret yapmak

handelen

para

geld

 **USD**

dolar

dollar

 **EUR**

avro

euro

 **JPY**

yen

yen

 **RUB**

ruble

roebel

 **CHF**

İsviçre frangı

Zwitserse frank

 **CNY**

Çin yuanı

Chinese renminbi

 **INR**

rupi

roepie

kasa

geldautomaat

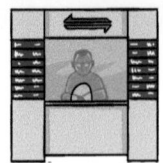

döviz bürosu

wisselkantoor

altın

goud

gümüş

zilver

petrol

olie

enerji

energie

fiyat

prijs

kontrat

contract

vergi

belasting

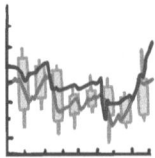

menkul değer

aandeel

çalışmak

werken

işveren

werknemer

işçi

werkgever

fabrika

fabriek

mağaza

winkel

ekonomi - economie

polis memuru
politieagent

itfaiyeci
brandweerman

aşçı
kok

doktor
dokter

pilot
piloot

bahçıvan

tuinman

marangoz

timmerman

terzi

naaister

hakim

rechter

kimyager

chemicus

aktör

acteur

otobüs şoförü

buschauffeur

taksi şoförü

taxichauffeur

balıkçı

visser

temizlikçi

schoonmaakster

çatı ustası

dakdekker

garson

ober

avcı

jager

boyacı

schilder

fırıncı

bakker

elektrikçi

elektricien

inşaatçı

bouwvakker

mühendis

ingenieur

kasap

slager

muslukçu

loodgieter

postacı

postbode

meslekler - beroepen

asker

soldaat

mimar

architect

kasiyer

kassier

çiçekçi

bloemist

kuaför

kapper

kondüktör

conducteur

tamirci

mecanicien

kaptan

kapitein

dişçi

tandarts

bilim insanı

wetenschapper

haham

rabbijn

imam

imam

keşiş

monnik

rahip

geestelijke

aletler
werktuigen

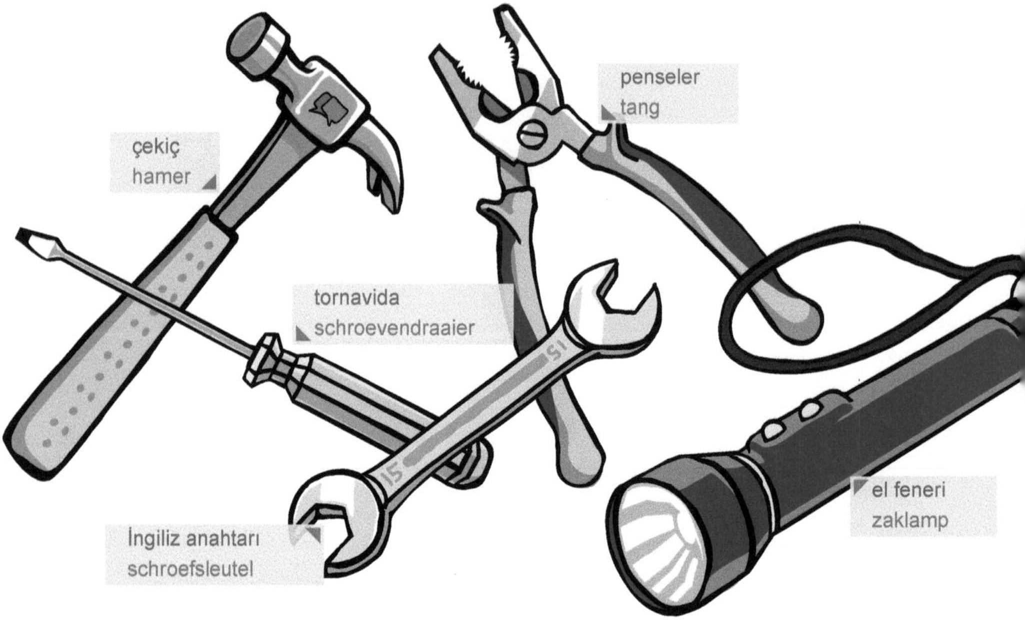

penseler
tang
çekiç
hamer
tornavida
schroevendraaier
İngiliz anahtarı
schroefsleutel
el feneri
zaklamp

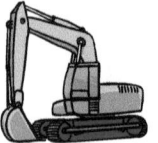

kazı makinesi
graafmachine

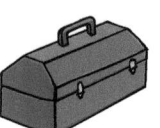

alet çantası
gereedschapskoffer

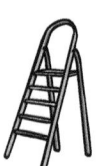

merdiven
ladder

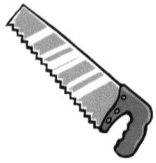

testere
zaag

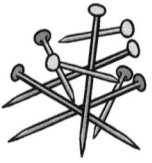

çiviler
spijkers

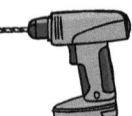

matkap
boormachine

tamir etmek

repareren

kürek

schop

Kahretsin!

Verdomme!

faraş

blik

boya tenekesi

verfpot

vidalar

schroeven

müzik enstrümanı
muziekinstrumenten

hoparlör
luidspreker

bateri seti
drumstel

gitar
gitaar

kontrbas
contrabas

trompet
trompet

piyano

piano

keman

viool

basgitar

basgitaar

timpani

pauk

bateri

trommels

klavye

keyboard

saksafon

saxofoon

flüt

fluit

mikrofon

microfoon

müzik enstrümanı - muziekinstrumenten

hayvanat bahçesi

zoo

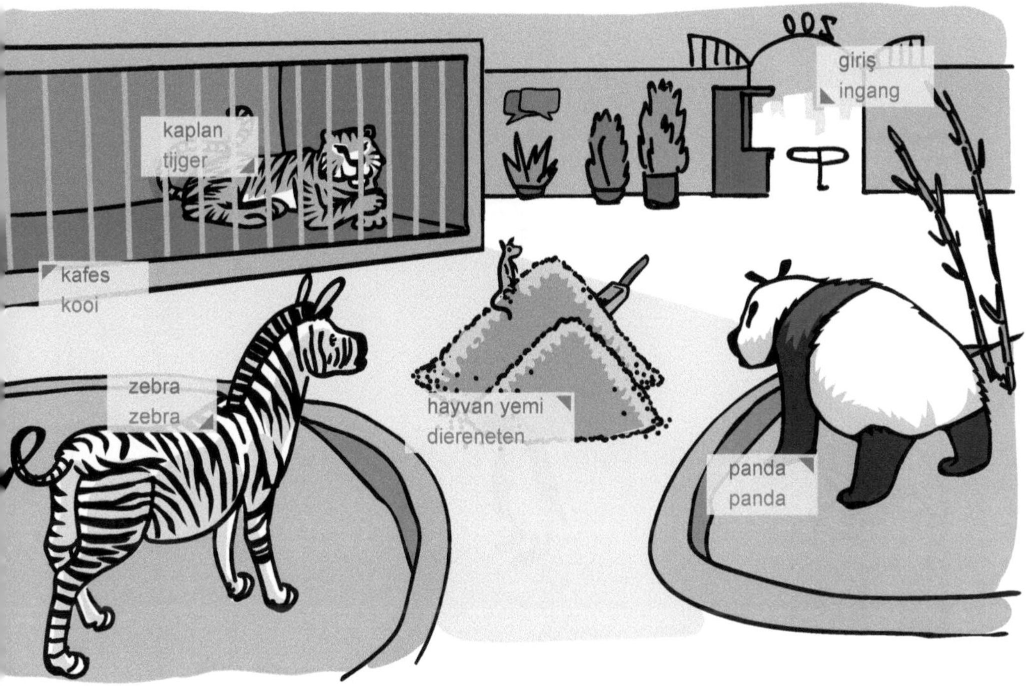

giriş
ingang
kaplan
tijger
kafes
kooi
zebra
zebra
hayvan yemi
diereneten
panda
panda

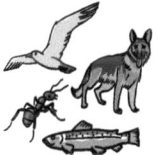

hayvanlar

dieren

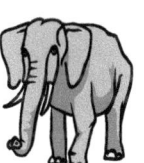

fil

olifant

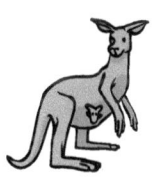

kanguru

kangoeroe

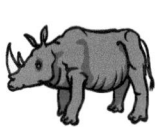

gergedan

neushoorn

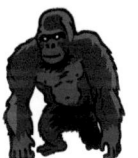

goril

gorilla

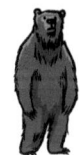

ayı

beer

deve

kameel

deve kuşu

struisvogel

aslan

leeuw

maymun

aap

flamingo

flamingo

papağan

papegaai

kutup ayısı

ijsbeer

penguen

pinguïn

köpek balığı

haai

tavus kuşu

pauw

yılan

slang

timsah

krokodil

hayvanat bahçesi görevlisi

dierenverzorger

fok

zeehond

jaguar

jaguar

midilli atı
pony

leopar
luipaard

su aygırı
nijlpaard

zürafa
giraffe

kartal
adelaar

yaban domuzu
wild zwijn

balık
vis

kaplumbağa
zeeschildpad

mors
walrus

tilki
vos

ceylan
gazelle

amerikan futbolu
rugby

bisiklete binme
wielrennen

tenis
tennis

basketbol
basketbal

yüzme
zwemmen

boks
boksen

buz hokeyi
ijshockey

futbol
voetbal

badminton
badminton

atletizm
atletiek

hentbol
handbal

kayak
skiën

polo
polo

etkinlikler
activiteiten

atlamak
springen
sarılmak
knuffelen
gülmek
lachen
yürümek
wandelen
söylemek
zingen
hayal etmek
dromen
dua etmek
bidden
öpmek
kussen

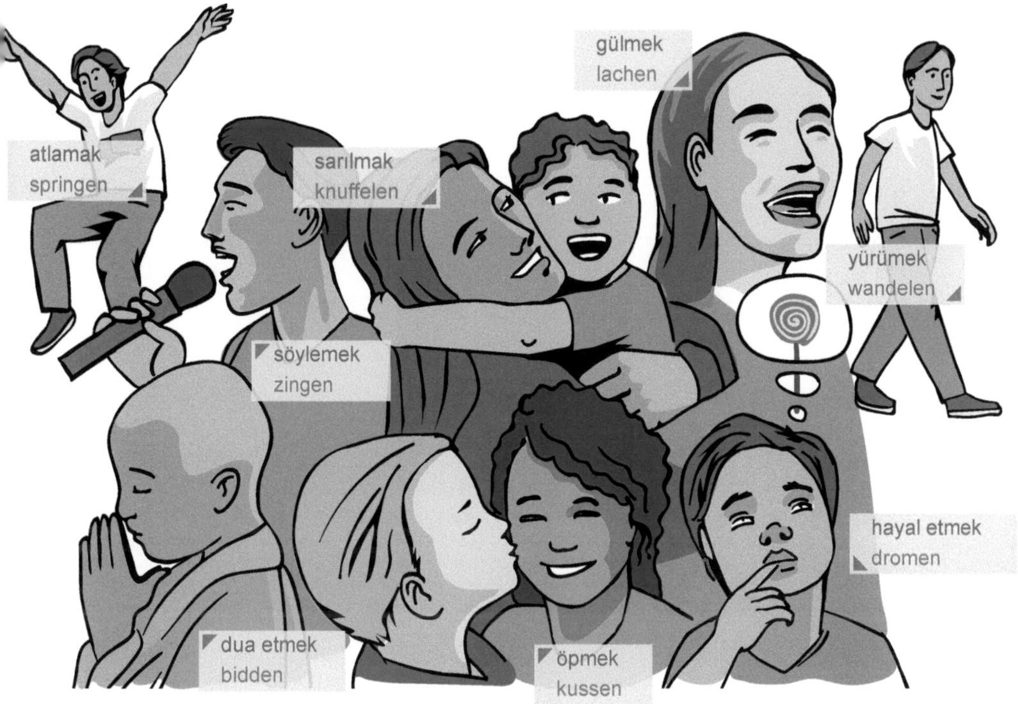

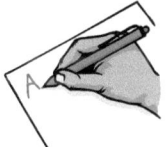

yazmak

schrijven

çizmek

tekenen

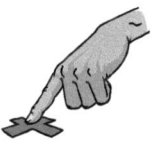

göstermek

tonen

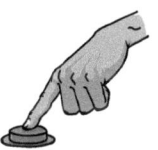

itmek

duwen

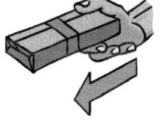

vermek

geven

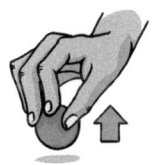

almak

nemen

sahip olmak

hebben

yapmak

doen

olmak

zijn

ayakta durmak

staan

koşmak

lopen

çekmek

trekken

atmak

gooien

düşmek

vallen

yalan söylemek

liggen

beklemek

wachten

taşımak

dragen

oturmak

zitten

giyinmek

aankleden

uyumak

slapen

uyanmak

ontwaken

bakmak

kijken naar

ağlamak

wenen

vurmak

aaien

taramak

kammen

konuşmak

praten

anlamak

begrijpen

sormak

vragen

dinlemek

luisteren

içmek

drinken

yemek

eten

düzenlemek

opruimen

sevmek

houden van

pişirmek

koken

sürmek

rijden

uçmak

vliegen

denize açılmak

zeilen

hesapla

rekenen

okumak

Lezen

öğrenmek

leren

çalışmak

werken

evlenmek

trouwen

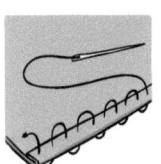

dikmek

naaien

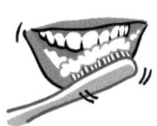

diş fırçalamak

tandenpoetsen

öldürmek

doden

sigara içmek

roken

yollamak

sturen

aile
familie

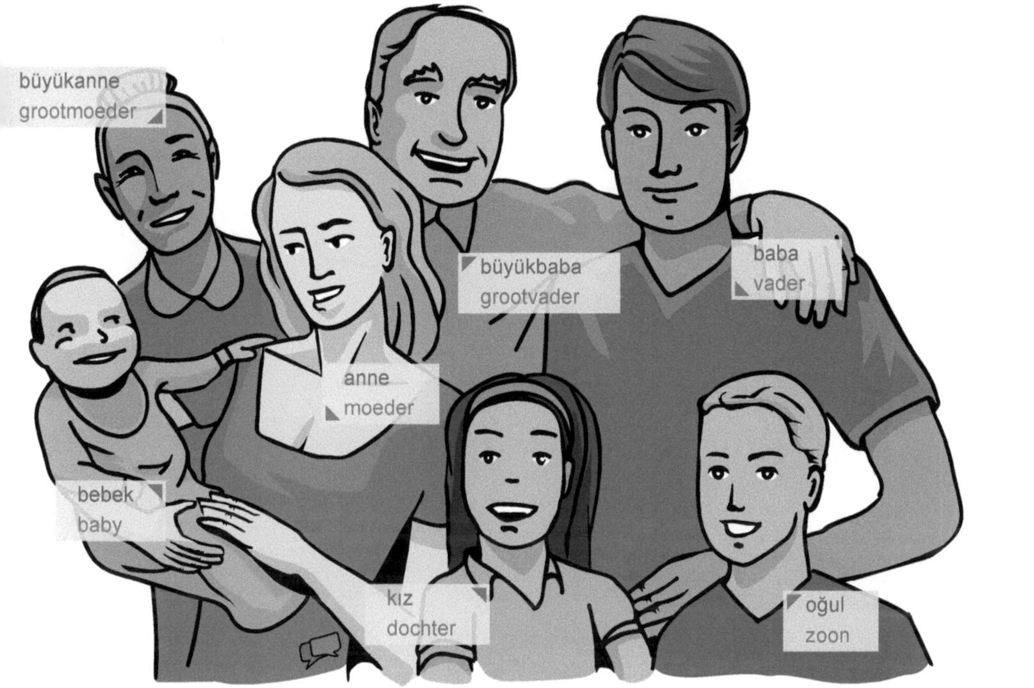

büyükanne
grootmoeder
büyükbaba
grootvader
baba
vader
anne
moeder
bebek
baby
kız
dochter
oğul
zoon

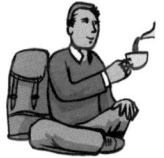

misafir
gast

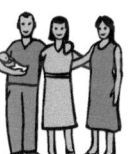

teyze
tante

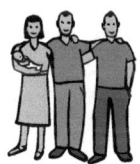

amca
oom

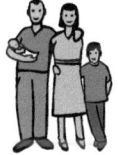

erkek kardeş
broer

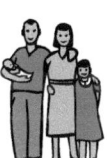

kız kardeş
zus

vücut
lichaam

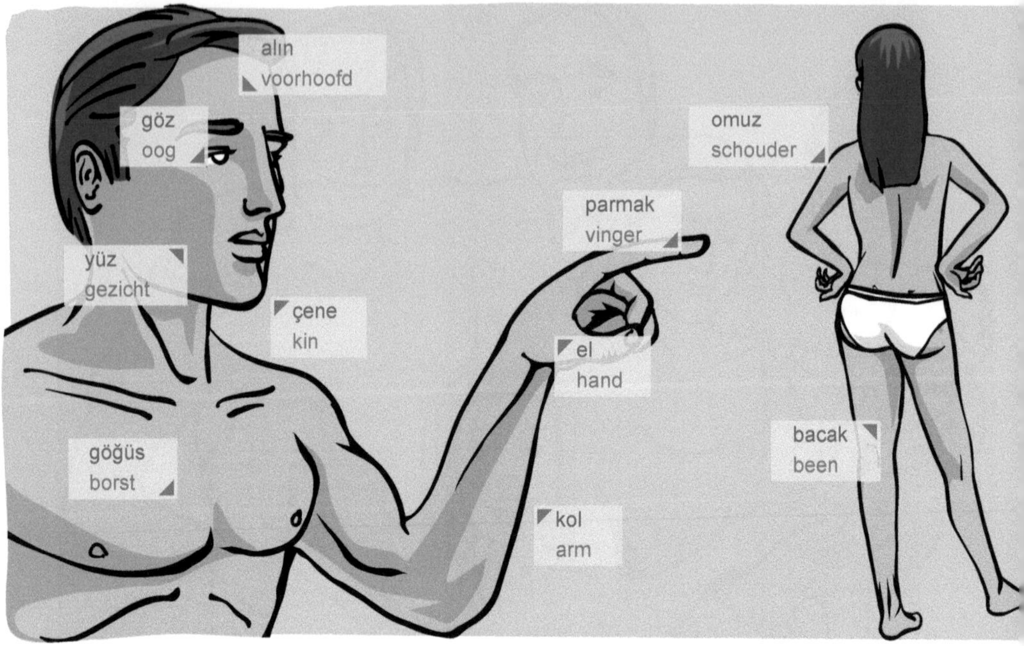

alın
voorhoofd

göz
oog

omuz
schouder

parmak
vinger

yüz
gezicht

çene
kin

el
hand

bacak
been

göğüs
borst

kol
arm

bebek
baby

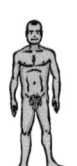

adam
man

kadın
vrouw

kız
meisje

erkek çocuk
jongen

baş
hoofd

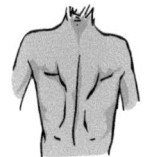

sırt

rug

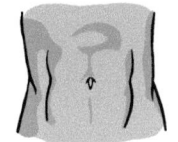

karın

buik

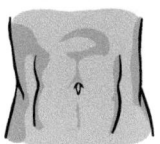

göbek

navel

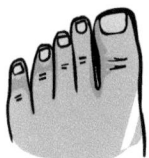

ayak parmağı

teen

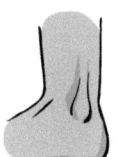

topuk

hiel

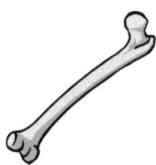

kemik

bot

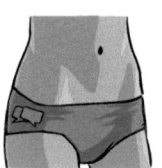

kalça

heup

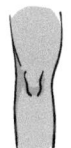

diz

knie

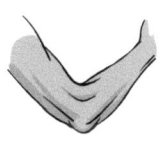

dirsek

elleboog

burun

neus

kalça

zitvlak

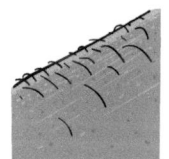

deri

huid

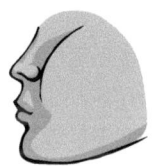

yanak

wang

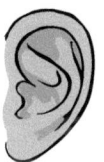

kulak

oor

dudak

lip

ağız

mond

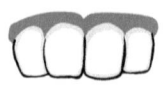

diş

tand

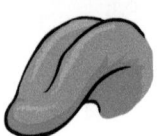

dil

tong

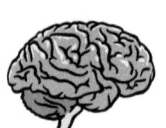

beyin

hersenen

kalp

hart

kas

spier

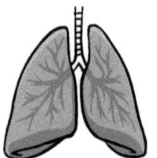

akciğer

long

karaciğer

lever

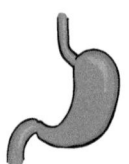

mide

maag

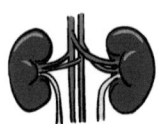

böbrekler

nieren

seks

seks

prezervatif

condoom

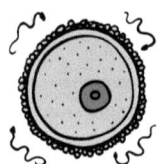

yumurtalık

eicel

sperm

sperma

hamilelik

zwangerschap

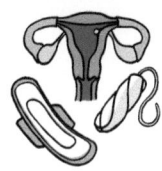

regl
menstruatie

vajina
vagina

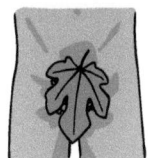

penis
penis

kaş
wenkbrauw

saç
haar

boyun
nek

hastane
ziekenhuis

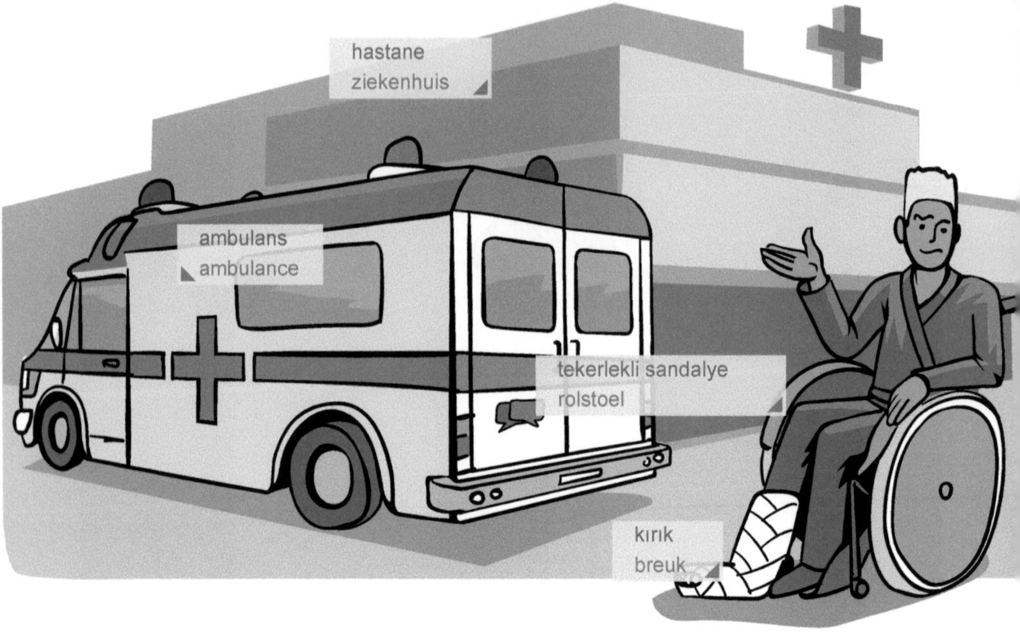

hastane
ziekenhuis
ambulans
ambulance
tekerlekli sandalye
rolstoel
kırık
breuk

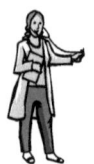

doktor

dokter

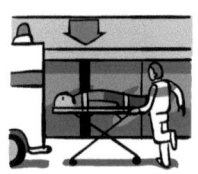

acil servis

spoed

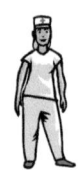

hemşire

verpleegkundige

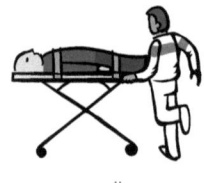

acil

noodgeval

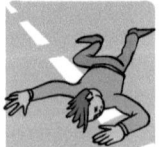

baygın

bewusteloos

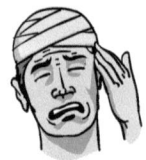

acı

pijn

yaralanma

verwonding

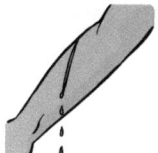

kanama

bloeding

kalp krizi

hartaanval

felç

beroerte

alerji

allergie

öksürük

hoest

ateş

koorts

grip

griep

ishal

diarree

baş ağrısı

hoofdpljn

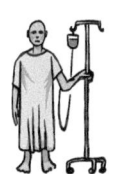

kanser

kanker

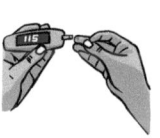

şeker hastalığı

diabetes

cerrah

chirurg

neşter

scalpel

operasyon

operatie

bilgisayarlı tomografi

CT

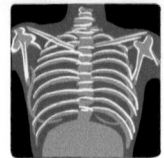

röntgen

röntgenstraal

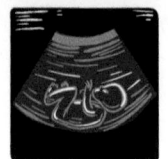

ultrason

ultrageluid

yüz maskesi

gezichtsmasker

hastalık

ziekte

bekleme odası

wachtkamer

koltuk değneği

kruk

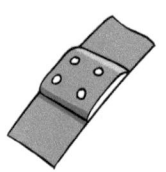

yara bandı

pleister

bandaj

verband

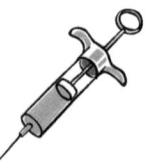

enjeksiyon

injectie

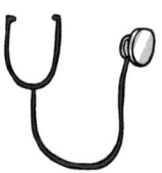

steteskop

stethoscoop

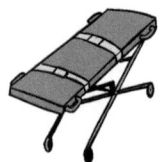

sedye

brancard

tıbbi termometre

thermometer

doğum

geboorte

fazla kilo

overgewicht

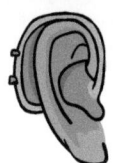

işitme cihazı
hoorapparaat

dezenfektan
ontsmettingsmiddel

enfeksiyon
infectie

virüs
virus

HIV / AIDS
HIV / AIDS

ilaç
medicijn

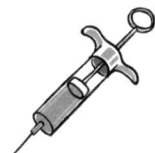

aşı
vaccinatie

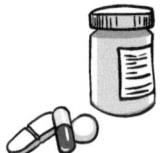

tablet
tabletten

hap
pil

acil çağrı
noodoproep

tansiyon aleti
bloeddrukmeter

hasta / sağlıklı
ziek / gezond

İmdat!

Help!

alarm

alarm

darp

overval

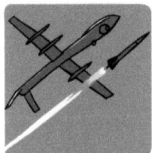

saldırı

aanval

tehlike

gevaar

acil çıkış

nooduitgang

Yangın!

Brand!

yangın tüpü

brandblusser

kaza

ongeval

ilk yardım çantası

EHBO-kit

imdat

SOS

polis

politie

Avrupa

Europa

Kuzey Amerika

Noord-Amerika

Güney amerika

Zuid-Amerika

Afrika

Afrika

Asya

Azië

Avustralya

Australië

Atlantik

Atlantische Oceaan

Pasifik

Stille Oceaan

Hint Okyanusu

Indische Oceaan

Antarktika Okyanusu

Antarctische Oceaan

Arktik Okyanusu

Arctische Oceaan

Kuzey Kutbu

Noordpool

Güney Kutbu
Zuidpool

Antarktika
Antarctica

dünya
aarde

kara
land

deniz
zee

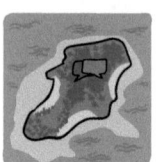

ada
eiland

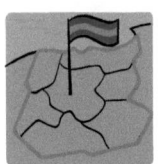

ulus
natie

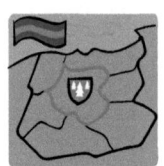

ülke
staat

dünya - aarde

kadran

wijzerplaat

akrep

uurwijzer

yelkovan

minuutwijzer

saniye ibresi

secondewijzer

Saat kaç?

Hoe laat is het?

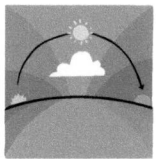

gün

dag

zaman

tijd

şimdi

nu

dijital saat

digitale horloge

dakika

minuut

saat

uur

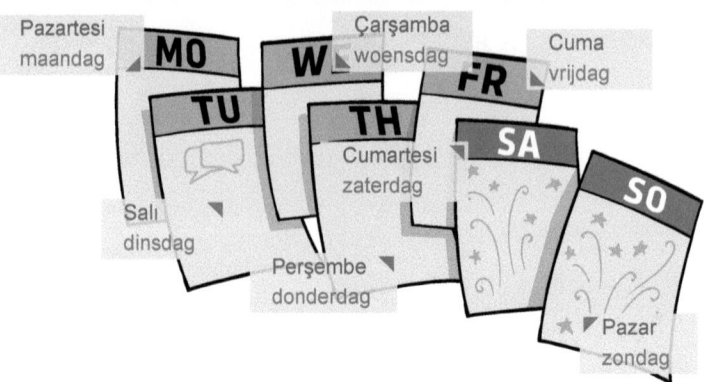

Pazartesi maandag
Çarşamba woensdag
Cuma vrijdag
Salı dinsdag
Cumartesi zaterdag
Perşembe donderdag
Pazar zondag

dün
gisteren

bugün
vandaag

yarın
morgen

sabah
ochtend

öğle
middag

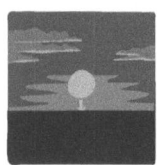

akşam
avond

MO	TU	WE	TH	FR	SA	SU
1	2	3	4	5	6	7
8	9	10	11	12	13	14
15	16	17	18	19	20	21
22	23	24	25	26	27	28
29	30	31	1	2	3	4

iş günleri
werkdagen

MO	TU	WE	TH	FR	SA	SU
1	2	3	4	5	6	7
8	9	10	11	12	13	14
15	16	17	18	19	20	21
22	23	24	25	26	27	28
29	30	31	1	2	3	4

hafta sonu
weekend

yıl
jaar

yağmur
regen
gökkuşağı
regenboog
rüzgar
wind
kara
sneeuw
bahar
lente
sonbahar
herfst
yaz
zomer
kış
winter

4.APRIL 11°
5.APRIL 4°
6.APRIL 13°
7.APRIL 8°
8.APRIL 10°

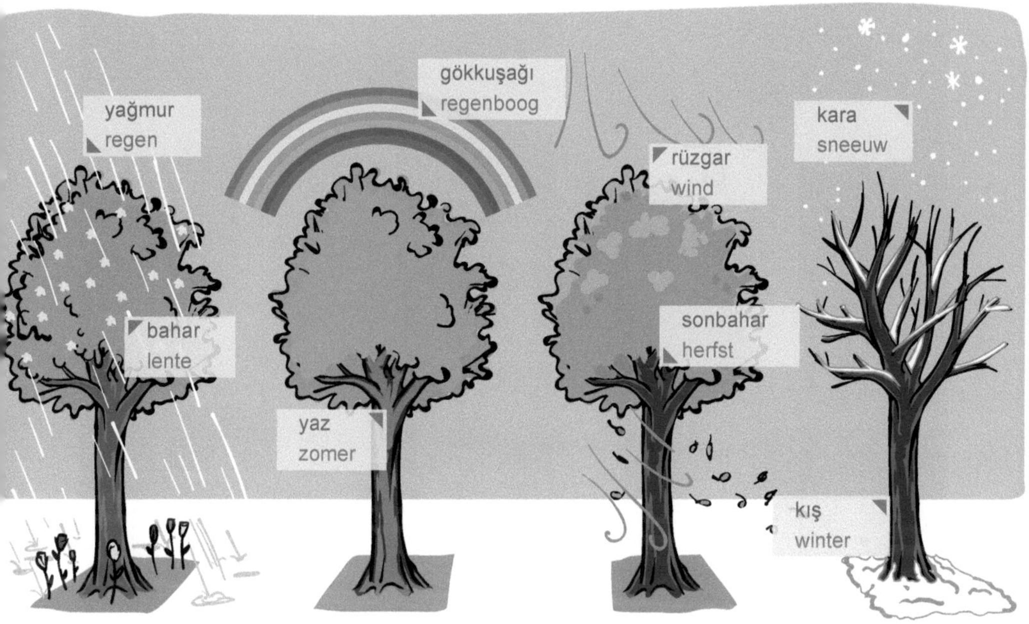

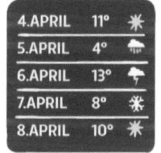

hava durumu tahmini

weervoorspelling

F
C
120
90
60
30
0
-30
40
30
20
10
0
-10
-20

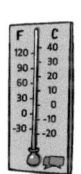

termometre

thermometer

güneş ışığı

zonneschijn

bulut

wolk

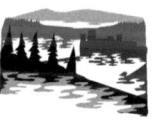

sis

mist

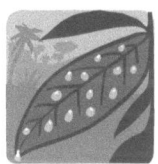

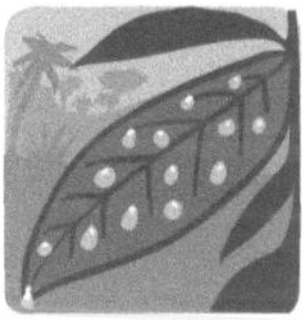

nem

vochtigheid

şimşek
bliksem

gök gürültüsü
donder

fırtına
storm

dolu
hagel

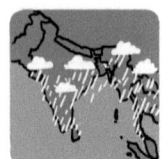

muson
moesson

sel
overstroming

buz
ijs

Ocak
januari

Şubat
februari

Mart
maart

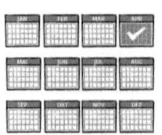

Nisan
april

Mayıs
mei

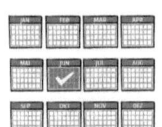

Haziran
juni

Temmuz
juli

Ağustos
augustus

yıl - jaar

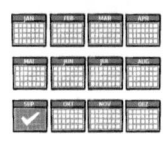

Eylül

september

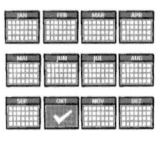

Ekim

oktober

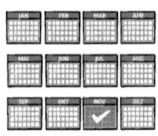

Kasım

november

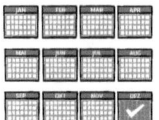

Aralık

december

şekiller
vormen

daire

cirkel

kare

kwadraat

dikdörtgen

rechthoek

üçgen

driehoek

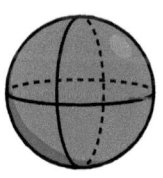

küre

bol

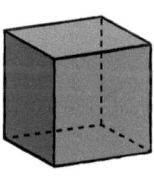

küp

kubus

beyaz

wit

sarı

geel

turuncu

oranje

pembe

roze

kırmızı

rood

mor

paars

mavi

blauw

yeşil

groen

kahverengi

bruin

gri

grijs

siyah

zwart

çok / az
veel / weinig

kızgın / sakin
boos / kalm

güzel / çirkin
mooi / lelijk

başlangıç / son
begin / einde

büyük / küçük
groot / klein

parlak / karanlık
licht / donker

erkek kardeş / kız kardeş
broer / zus

temiz / kirli
proper / vuil

tamam / eksik
volledig / onvolledig

gün / gece
dag / nacht

ölü / canlı
dood / levend

geniş / dar
breed / smal

yenilebilir / yenilemez

eetbaar / oneetbaar

kötü / iyi

kwaadaardig / vriendelijk

heyecanlı / sıkılmış

opgewonden / verveeld

şişman / zayıf

dik / dun

ilk / son

eerst / laatst

dost / düşman

vriend / vijand

dolu / boş

vol / leeg

sert / yumuşak

hard / zacht

ağır / hafif

zwaar / licht

açlık / susuzluk

honger / dorst

hasta / sağlıklı

ziek / gezond

yasa dışı / yasal

illegaal / legaal

zeki / aptal

intelligent / dom

sol / sağ

links / rechts

yakın / uzak

dichtbij / veraf

yeni / kullanılmış

nieuw / gebruikt

hiçbir şey / bir şey

niets / iets

yaşlı / genç

oud / jong

açma / kapama

aan / uit

açık / kapalı

open / dicht

sessiz / gürültülü

stil / luid

zengin / fakir

rijk / arm

doğru / yanlış

juist / fout

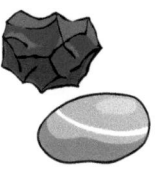

pürüzlü / düz

ruw / glad

üzgün / mutlu

droevig / blij

kısa / uzun

kort / lang

yavaş / hızlı

traag / snel

ıslak / kuru

nat / droog

sıcak / serin

warm / koud

savaş / barış

oorlog / vrede

0	**1**	**2**
sıfır	bir	iki
nul	één	twee

3	**4**	**5**
üç	dört	beş
drie	vier	vijf

6	**7**	**8**
altı	yedi	sekiz
zes	zeven	acht

9	**10**	**11**
dokuz	on	on bir
negen	tien	elf

12	**13**	**14**
on iki	on üç	on dört
twaalf	dertien	veertien

15	**16**	**17**
on beş	on altı	on yedi
vijftien	zestien	zeventien

18	**19**	**20**
on sekiz	on dokuz	yirmi
achtien	negentien	twintig

100	**1.000**	**1.000.000**
yüz	bin	milyon
honderd	duizond	miljoen

İngilizce

Engels

Amerikan İngilizcesi

Amerikaans Engels

Çince (Mandarin)

Chinees (Mandarijn)

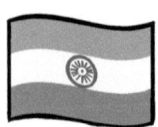

Hintçe

Hindi

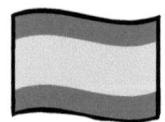

İspanyolca

Spaans

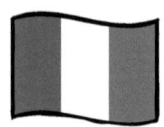

Fransızca

Frans

Arapça

Arabisch

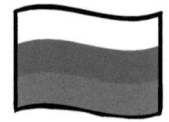

Rusça

Russisch

Portekizce

Portugees

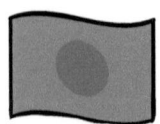

Bengalce

Bengali

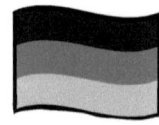

Almanca

Duits

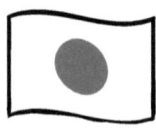

Japonca

Japans

ben
....

ik

sen
....

u

o
....

hij / zij / het

biz
....

wij

siz
....

u

onlar
....

ze

kim?
....

wie?

ne?
....

wat?

nasıl?
....

hoe?

nerede?
....

waar?

ne zaman?
....

wanneer?

isim
....

naam

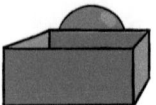

arkasında

achter

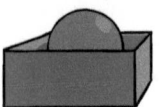

içinde

in

önünde

voor

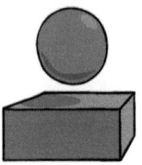

üzerinde

boven

üstünde

op

altında

onder

yanında

naast

arasında

tussen

yer

plaats